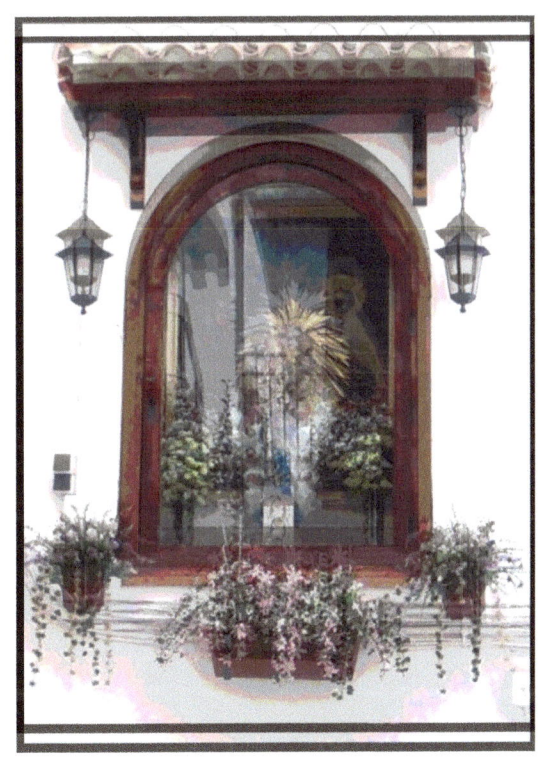

LANJARÓN:

FUENTES, SANTOS Y TINAOS

SALVADOR MOLINA
COLECCIÓN HUELLA GRÁPHICA

Lanjarón, puerta de la Alpujarra, la primera población que encuentra el viajero que toma el desvío de la carretera que va de Granada a la costa para internarse en esta región mágica.

Lugar tranquilo de buen comer y mejor vivir, sus calles se inundan con el agua que baja de la Sierra, estalla en cien fuentes.

En sus altares callejeros, los santos observan.

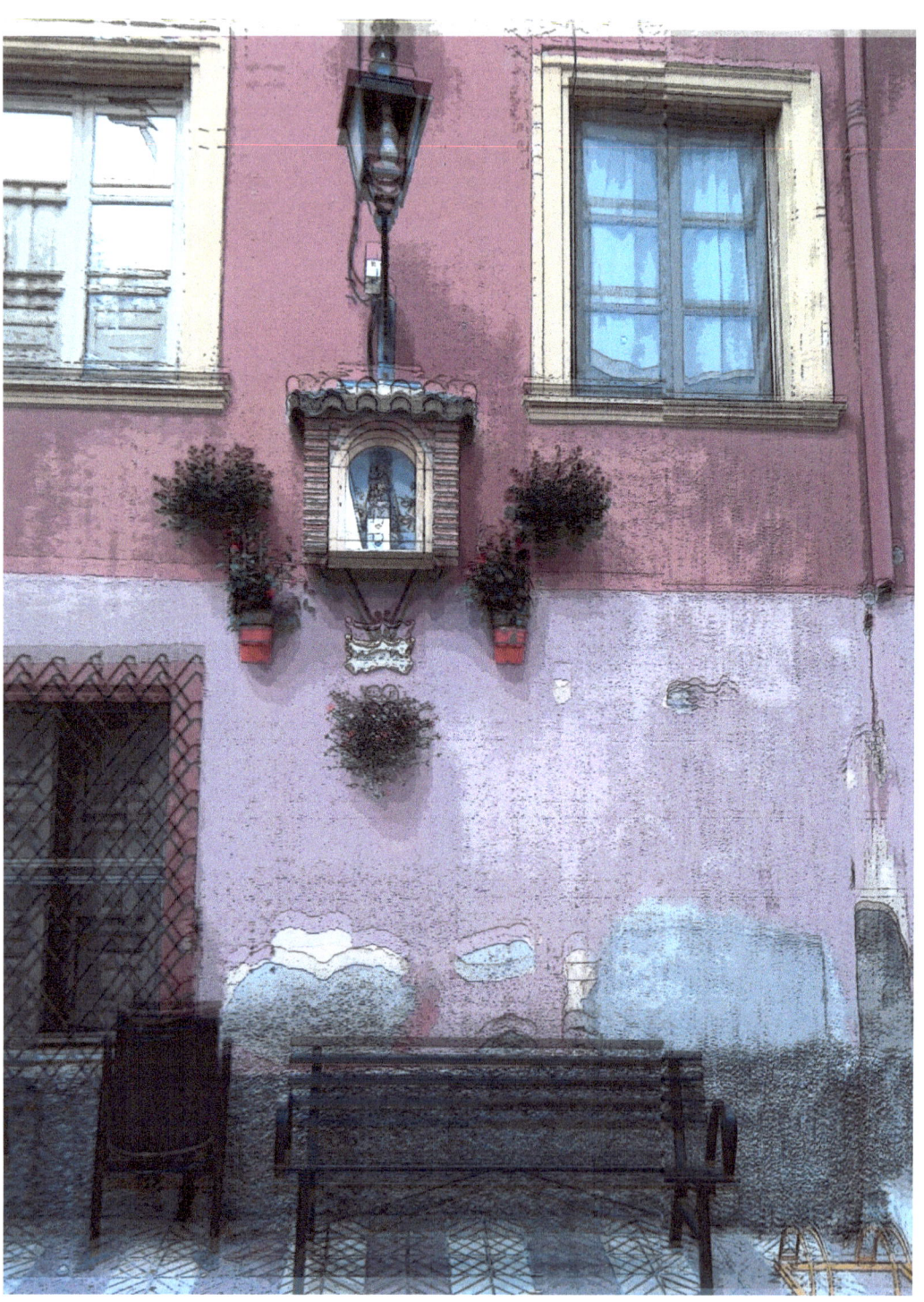

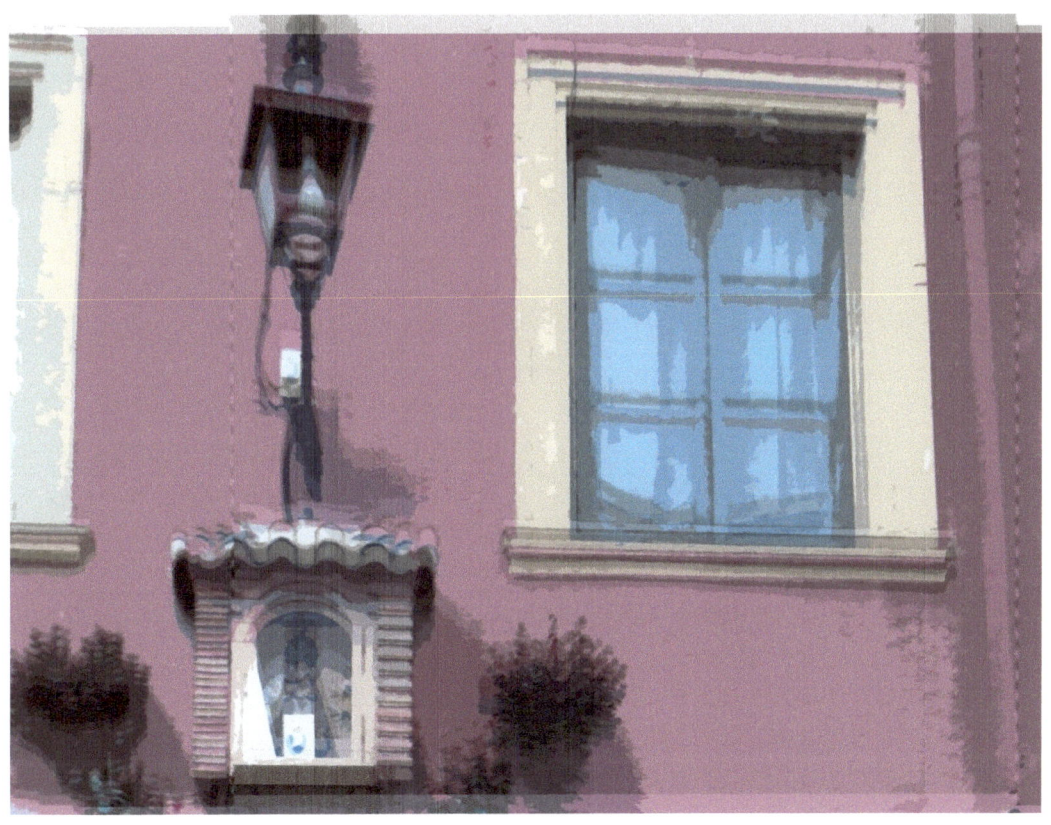

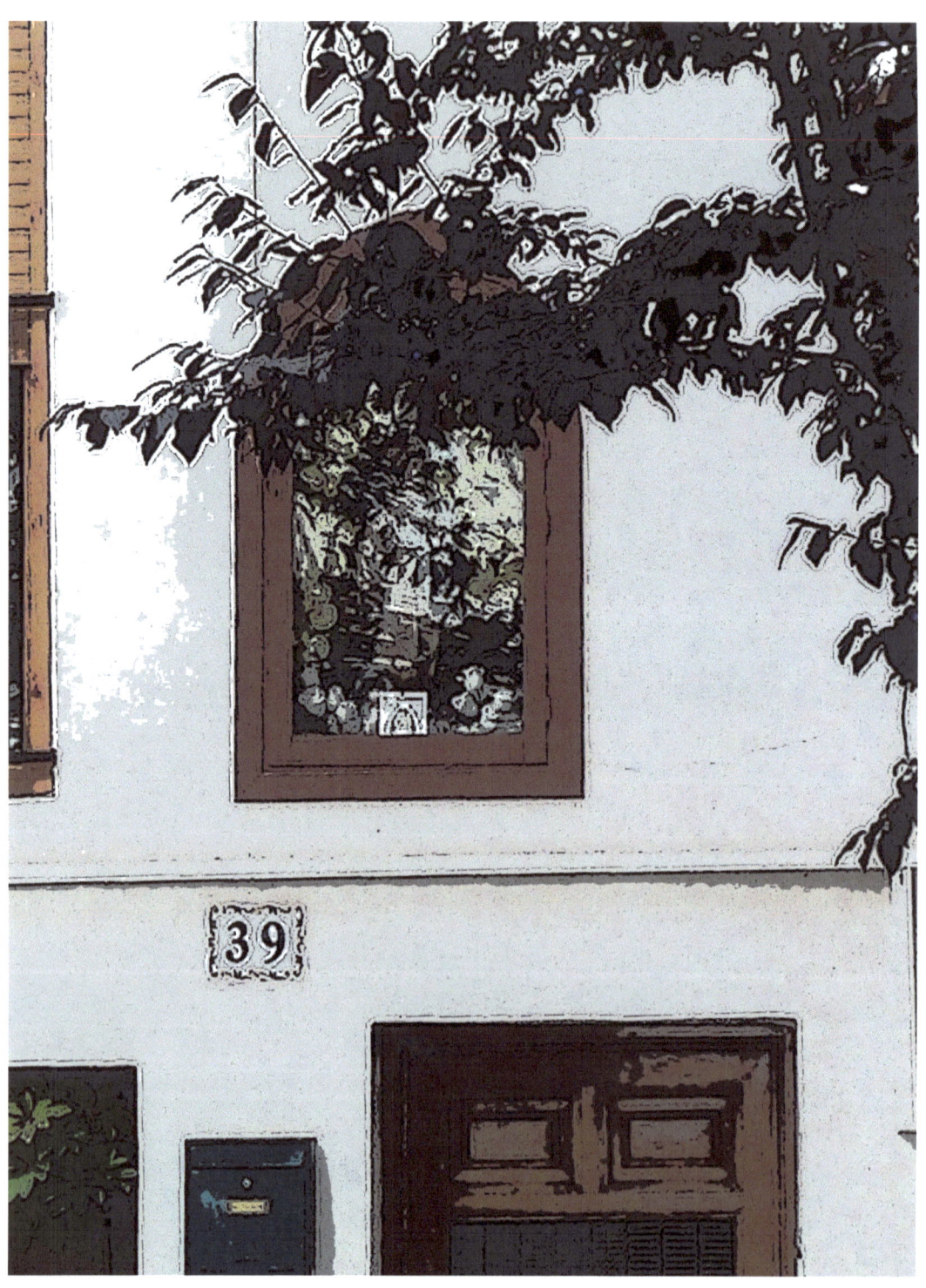

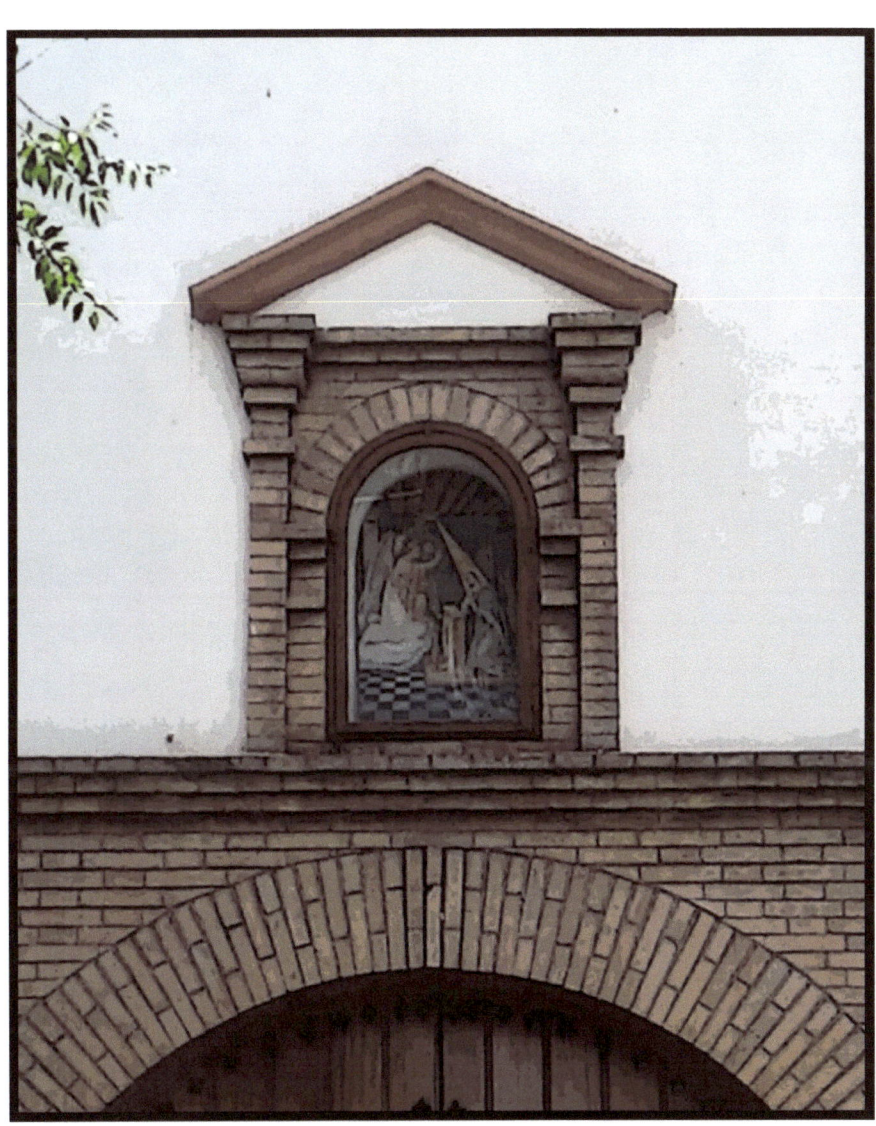

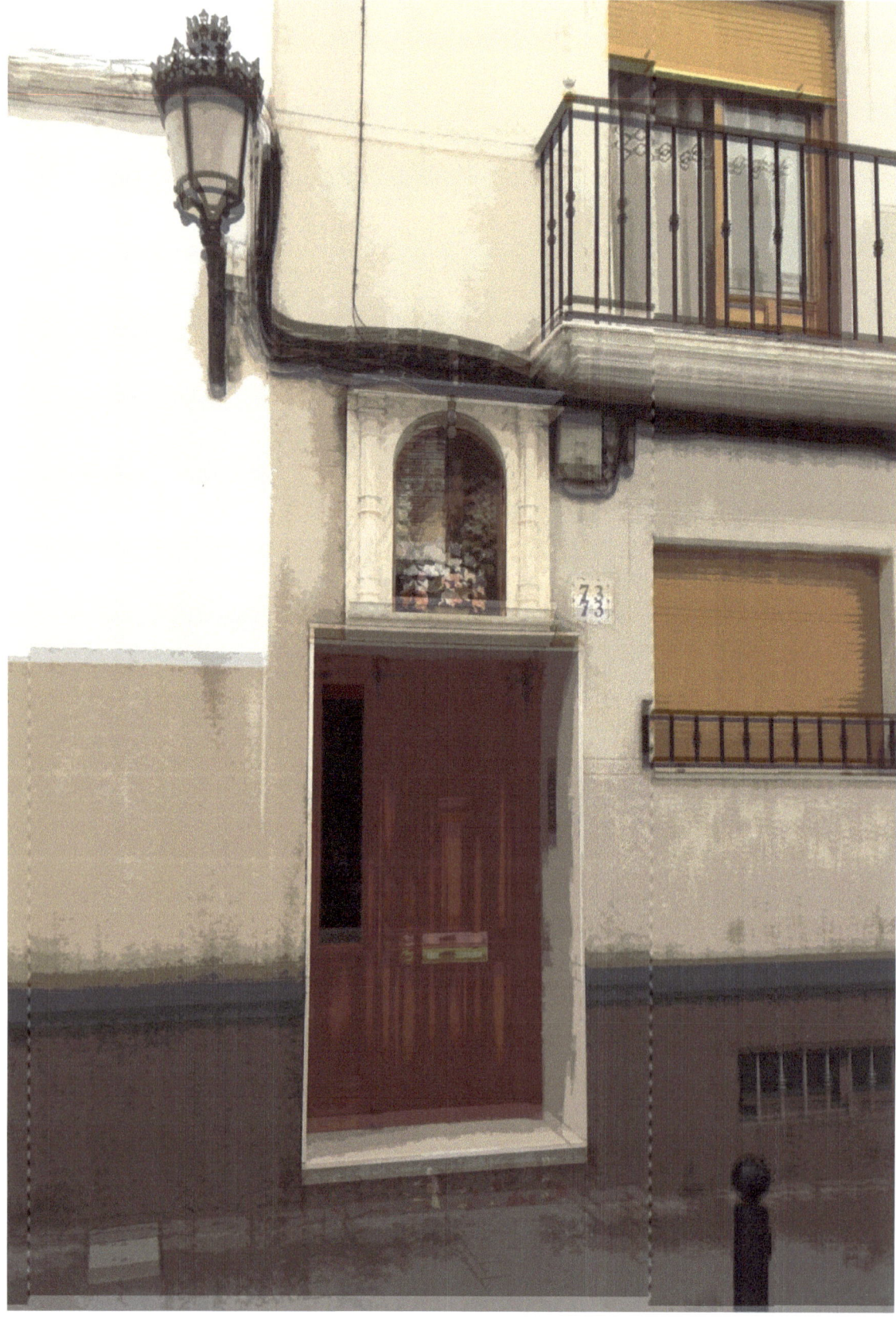

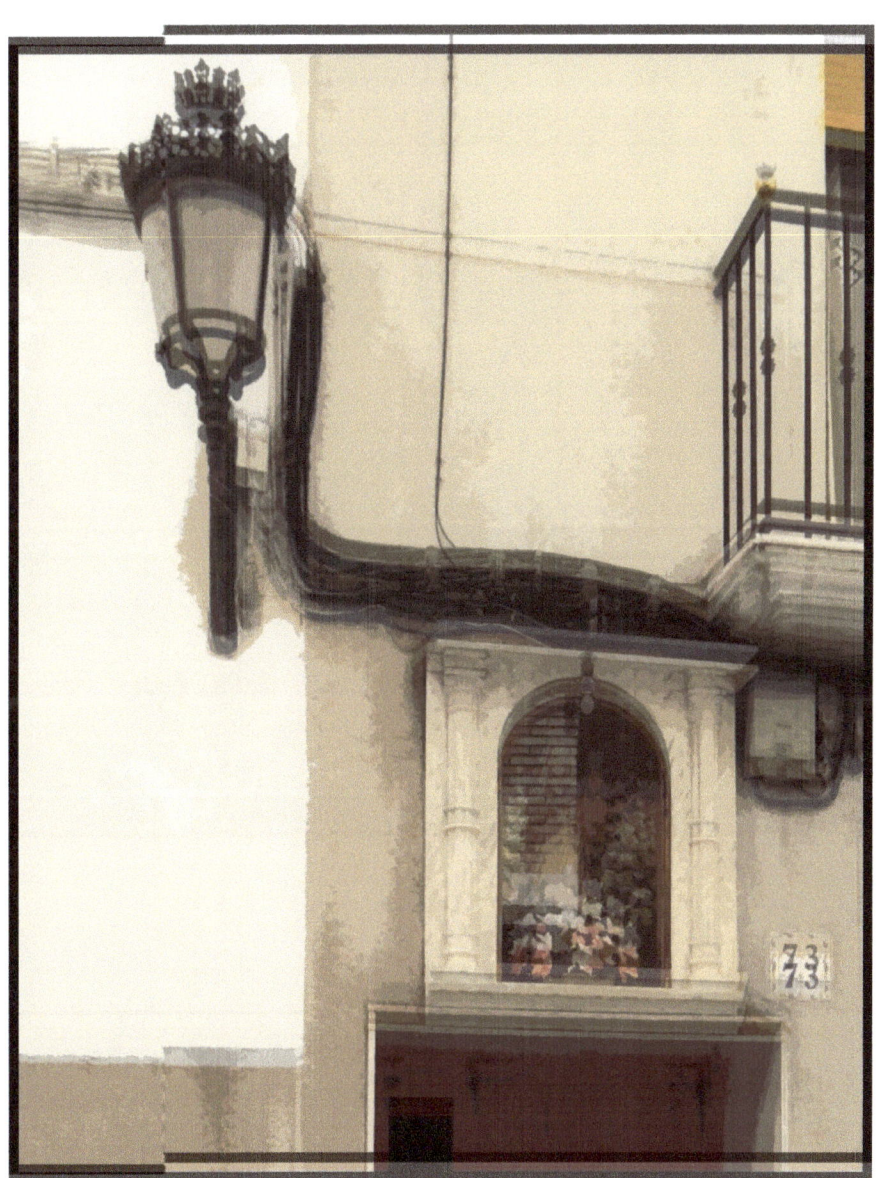

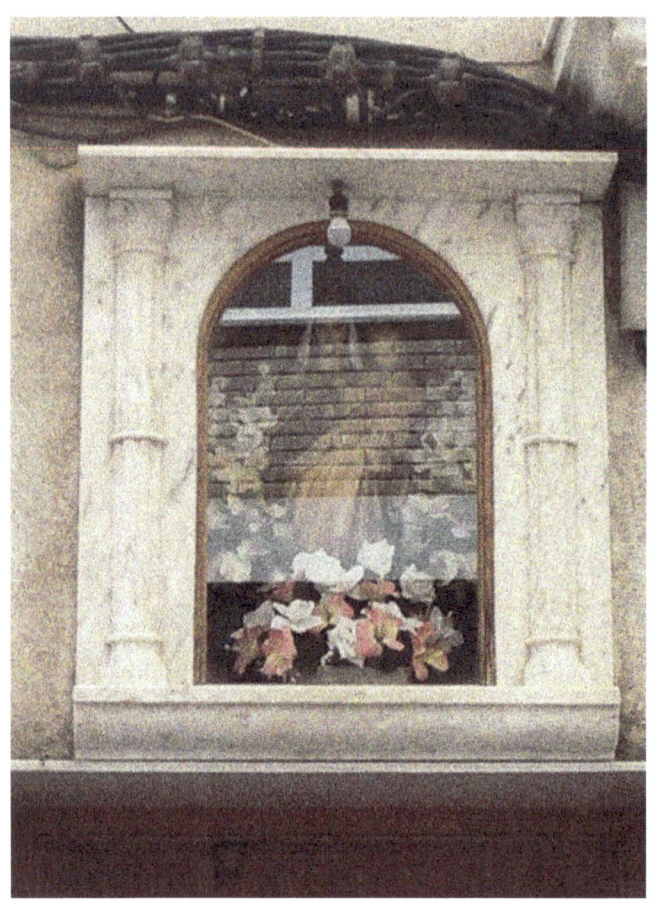

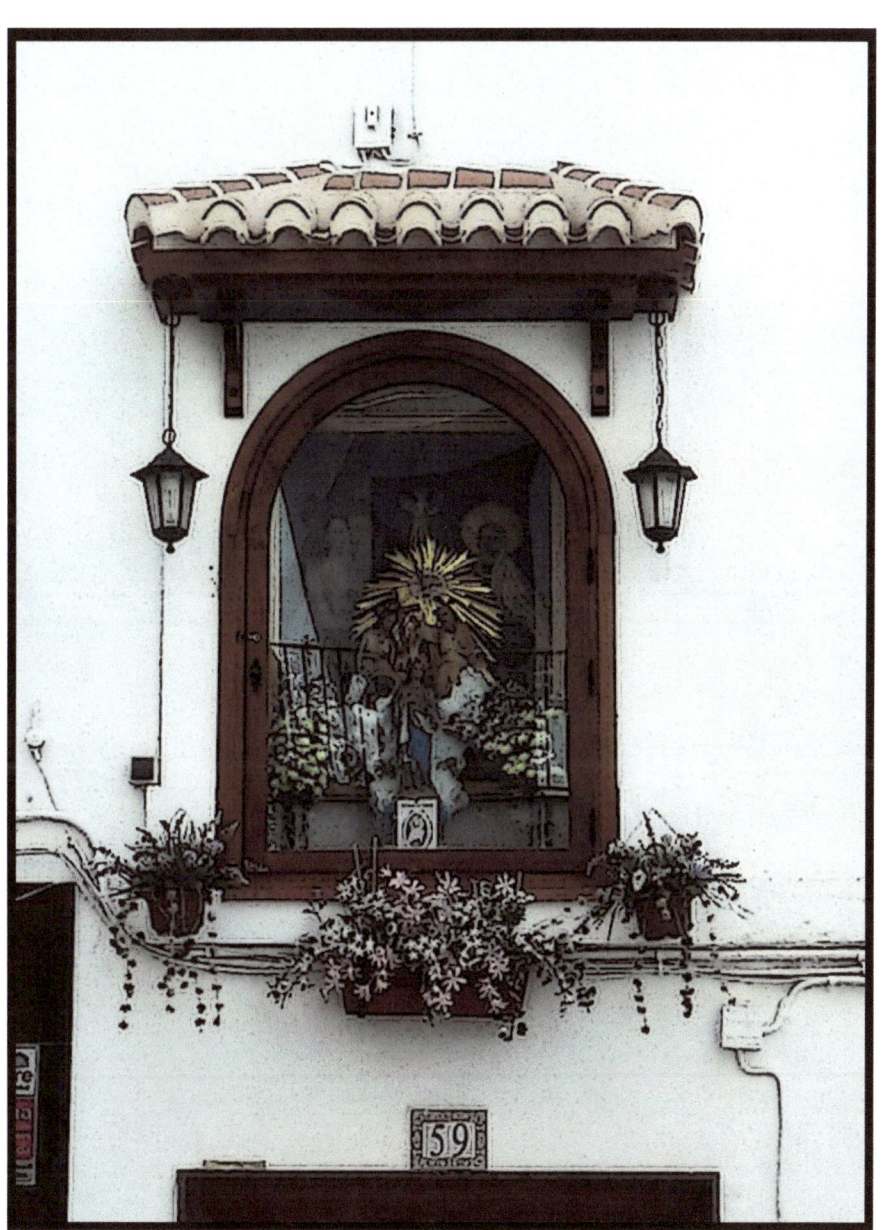

Poesía que se desborda en fuentes, calles de Lanjarón, mojadas de versos...

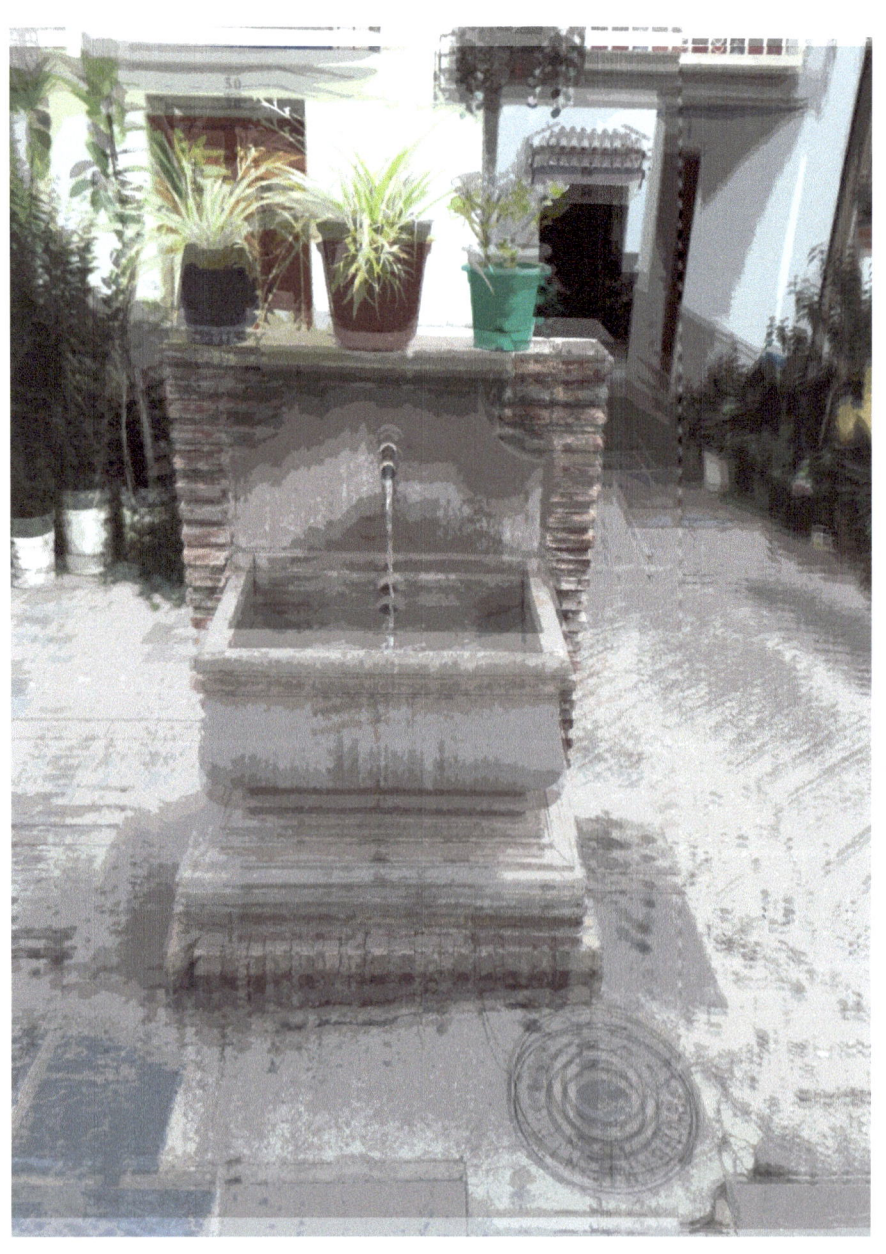

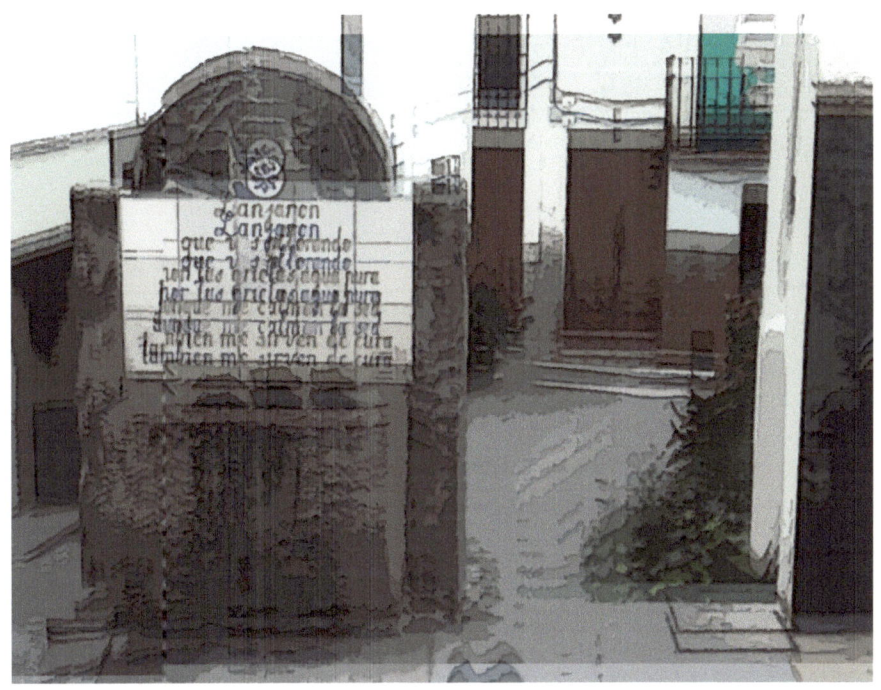

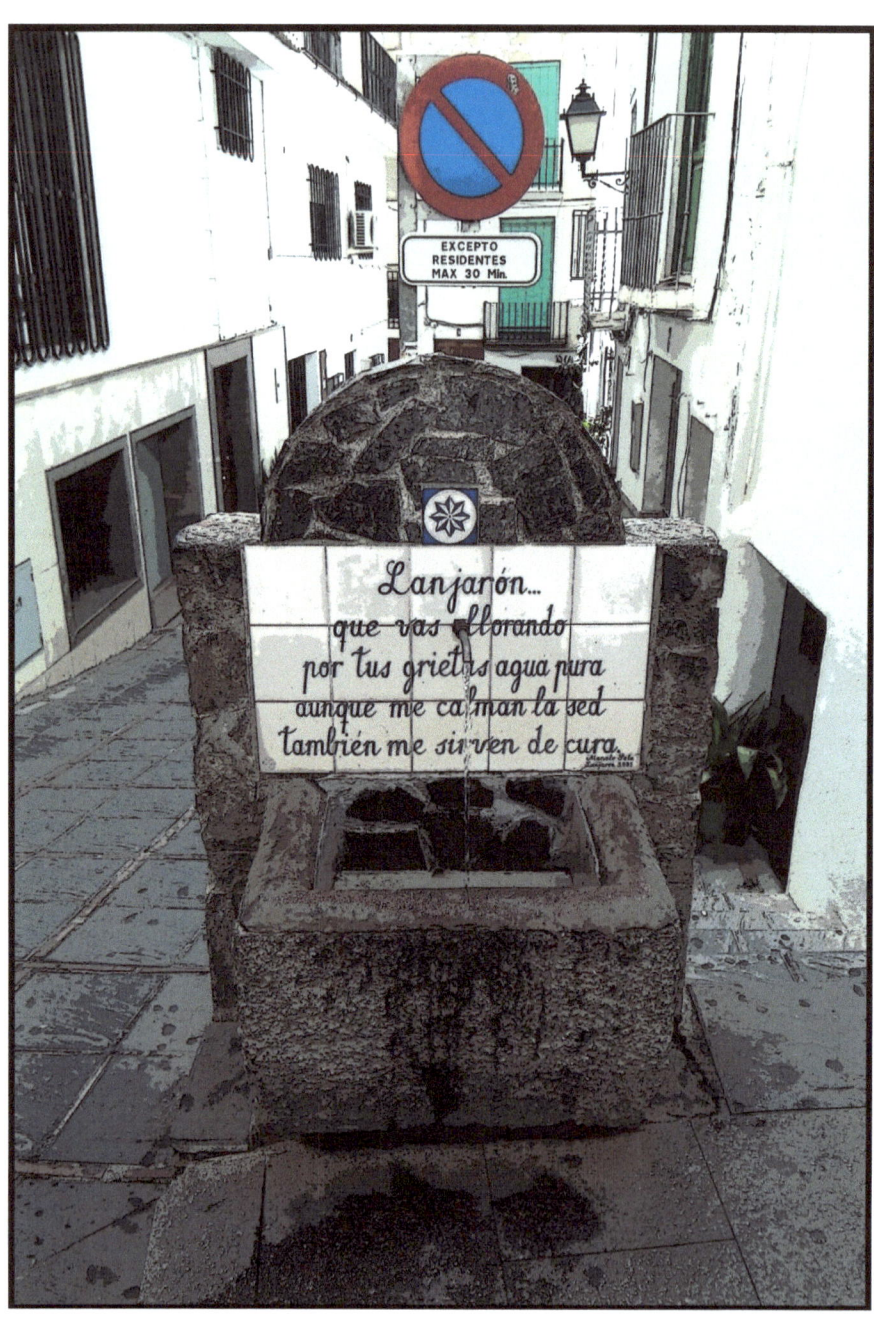

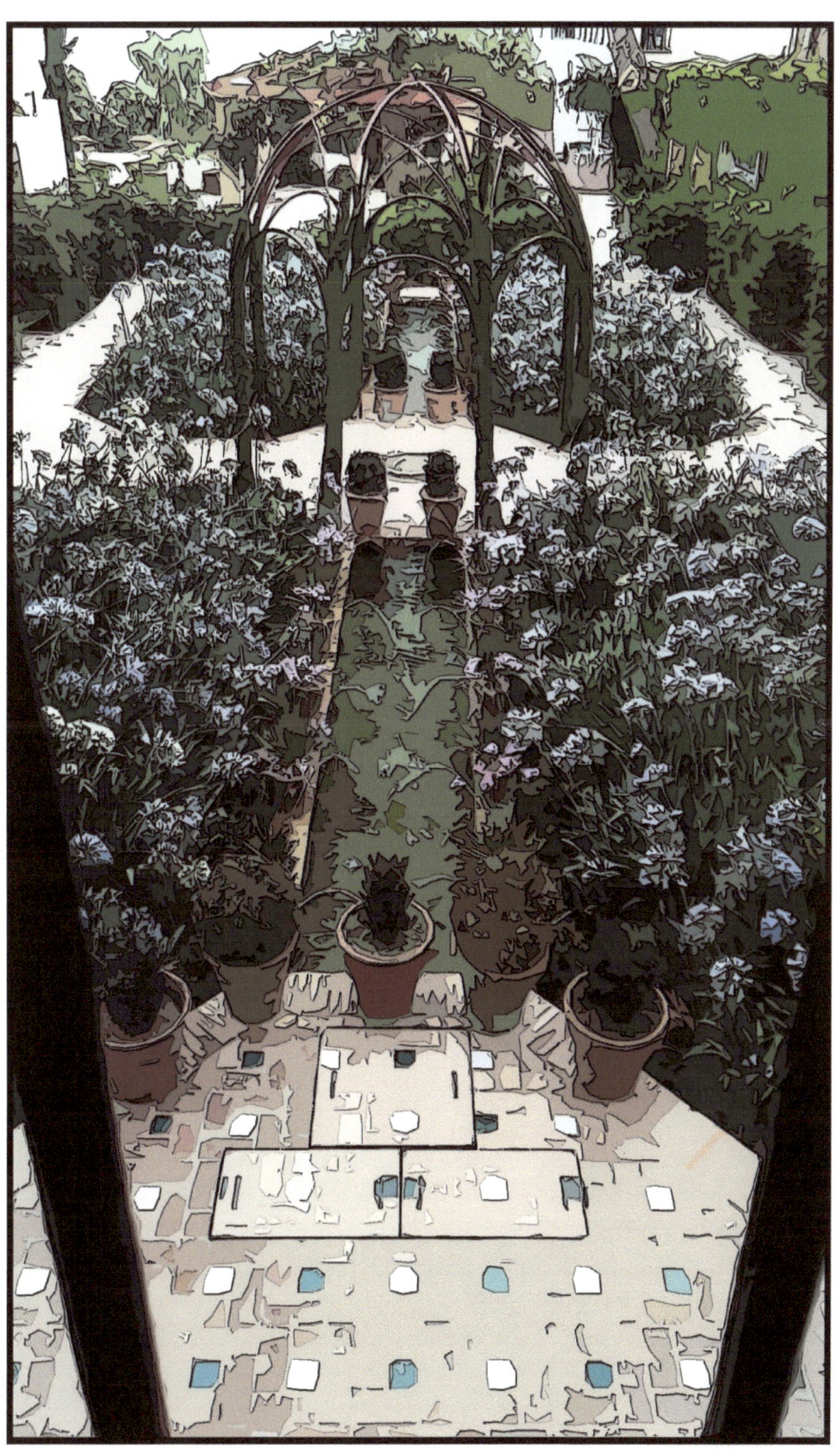

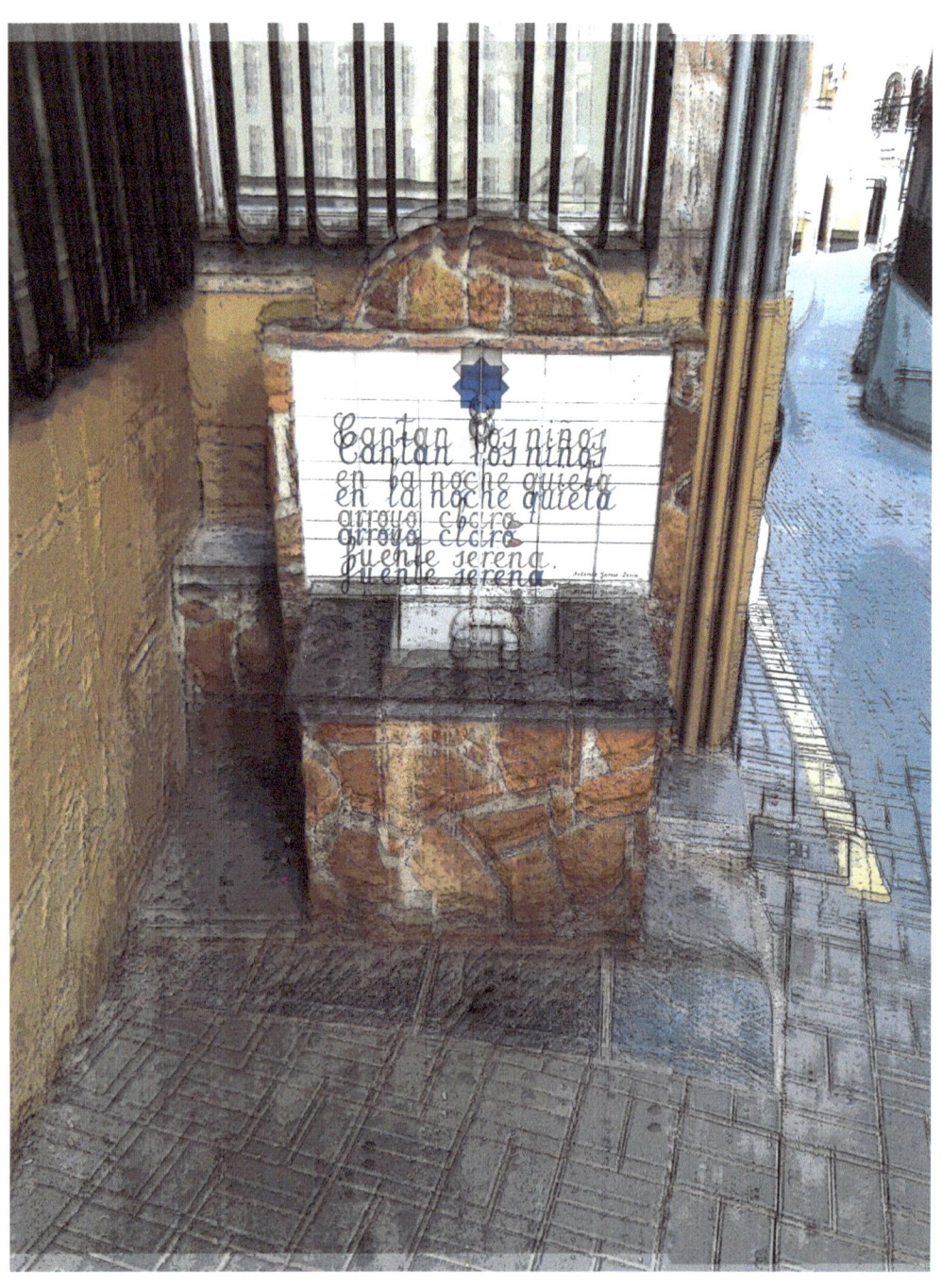

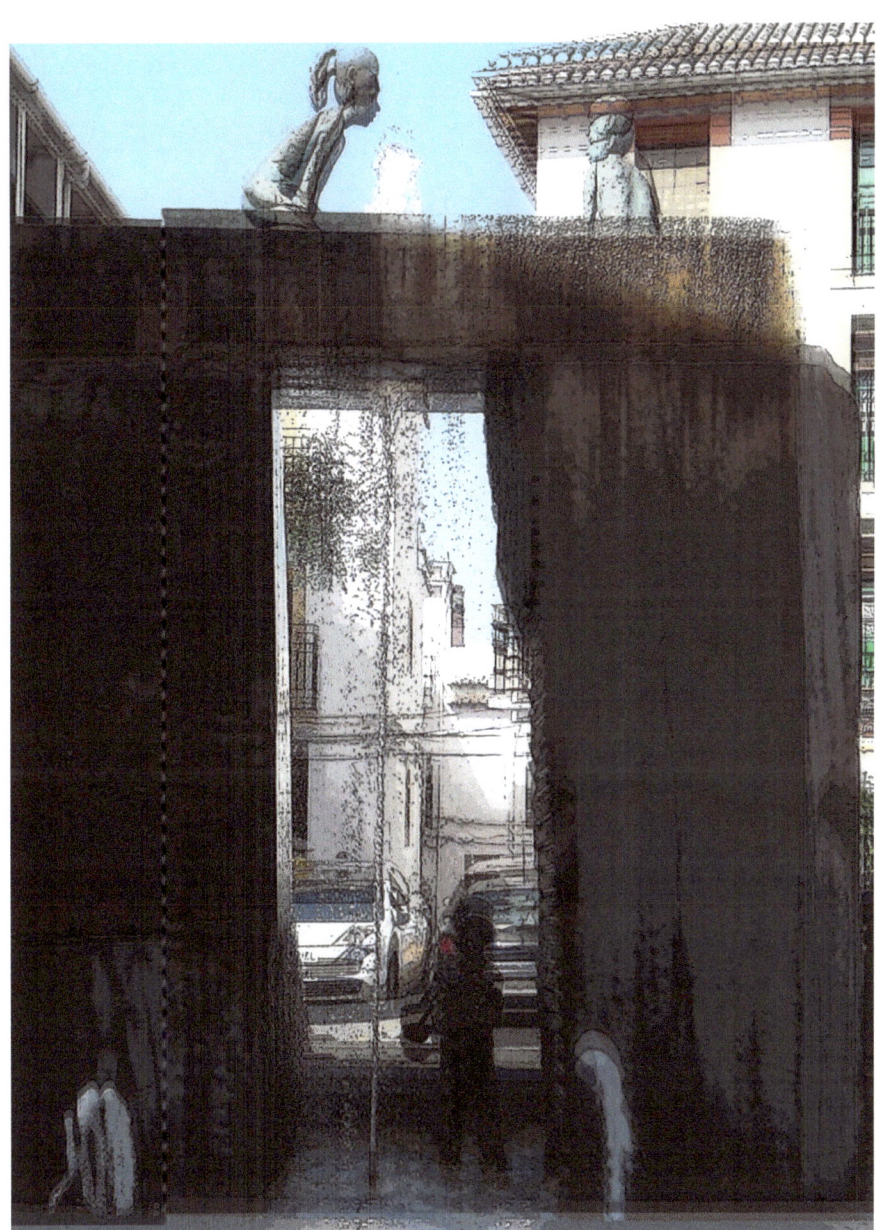

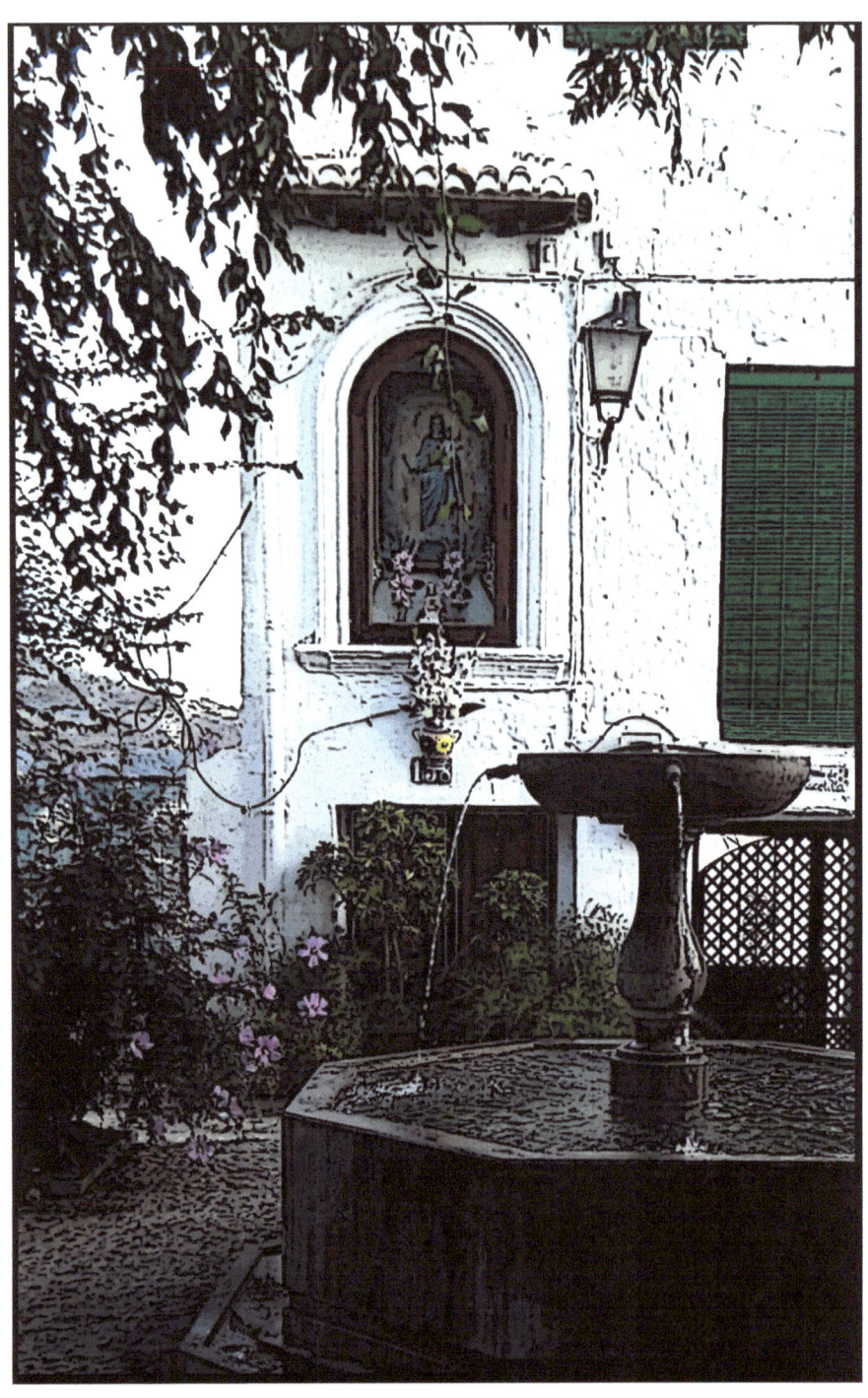

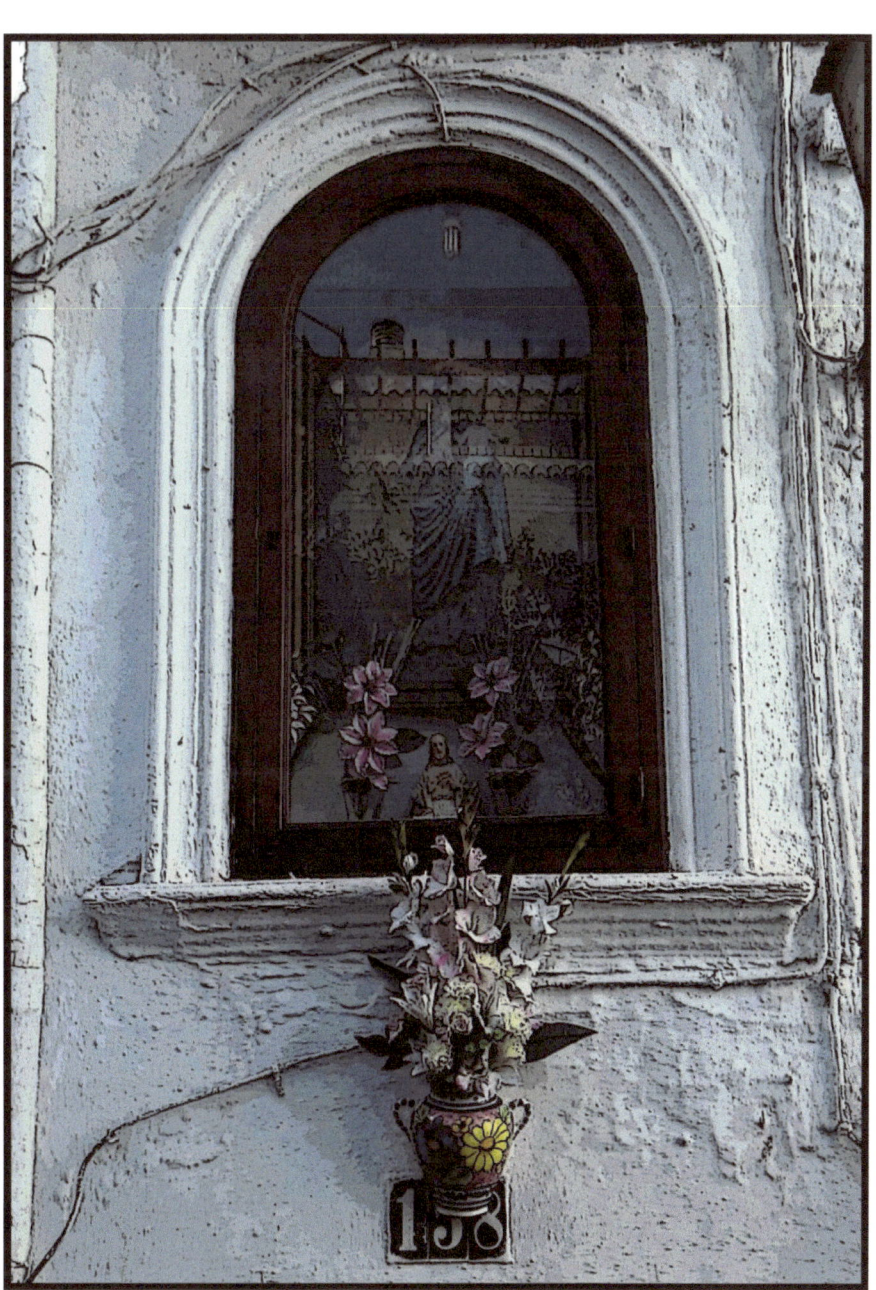

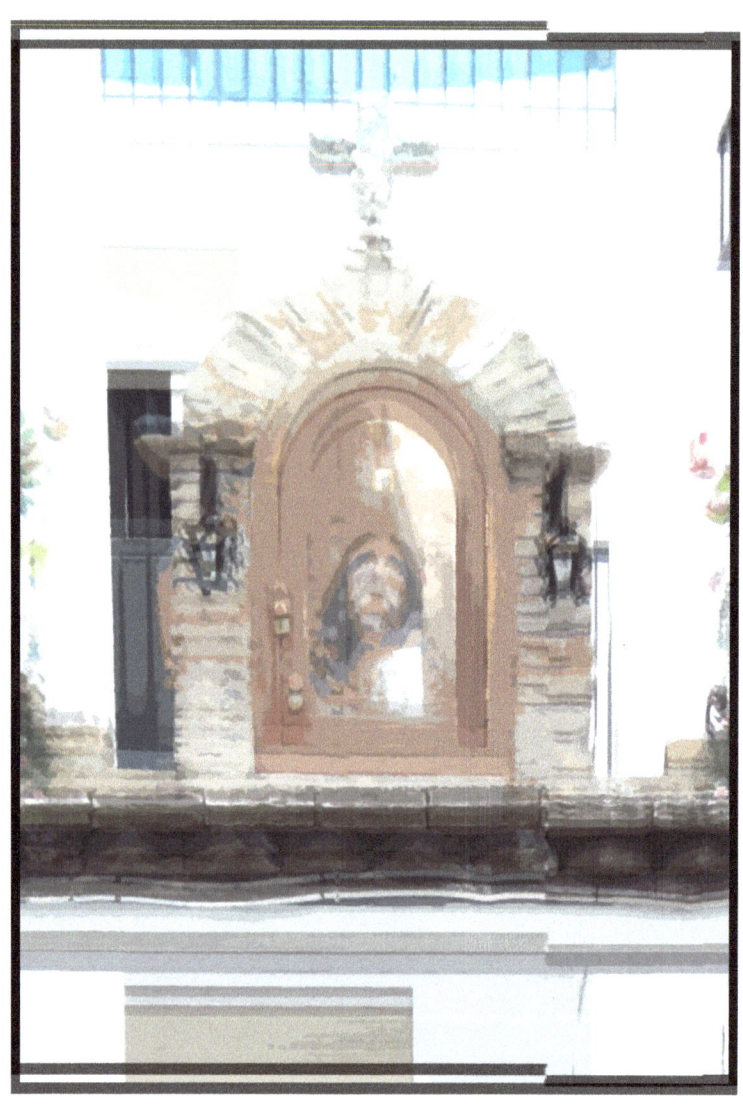

Y vuelven los santos y las vírgenes, en la quietud del agua, al fondo de los tinaos...

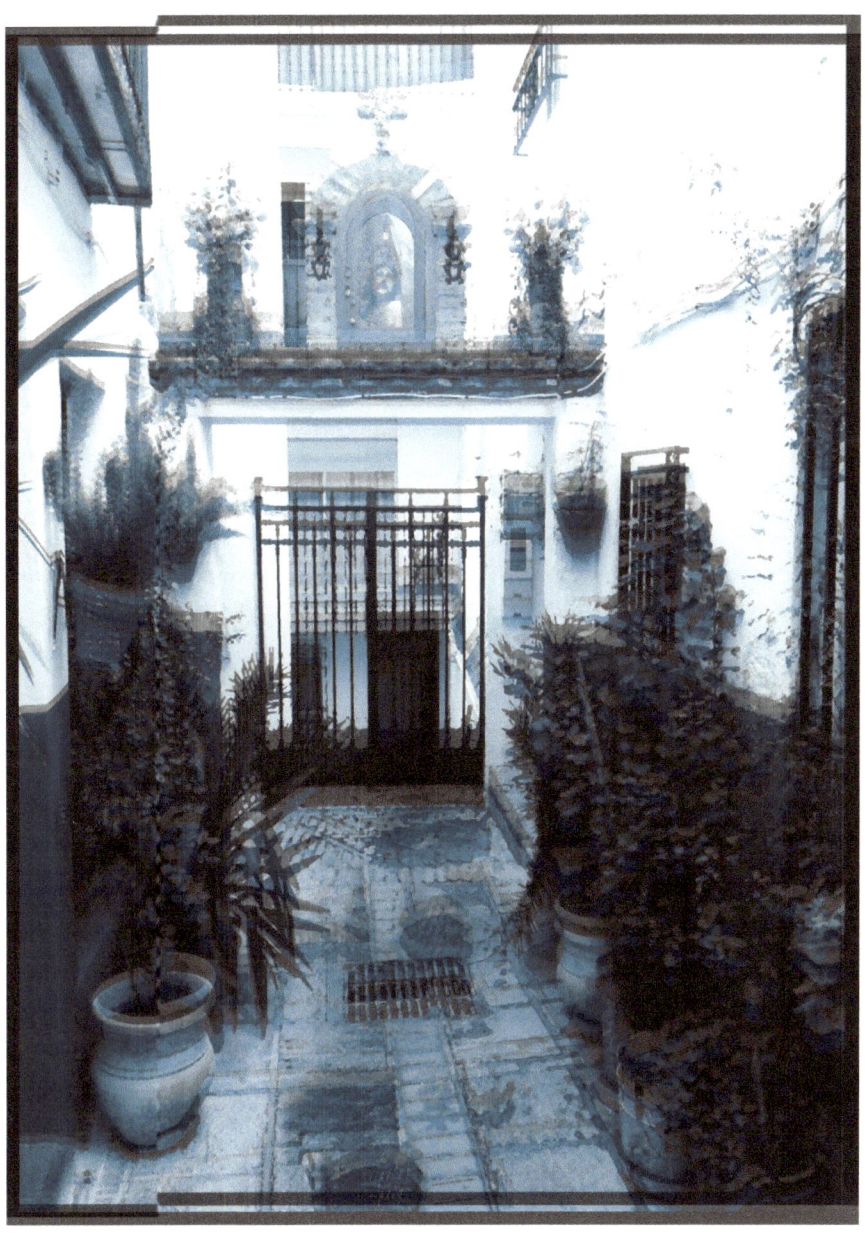

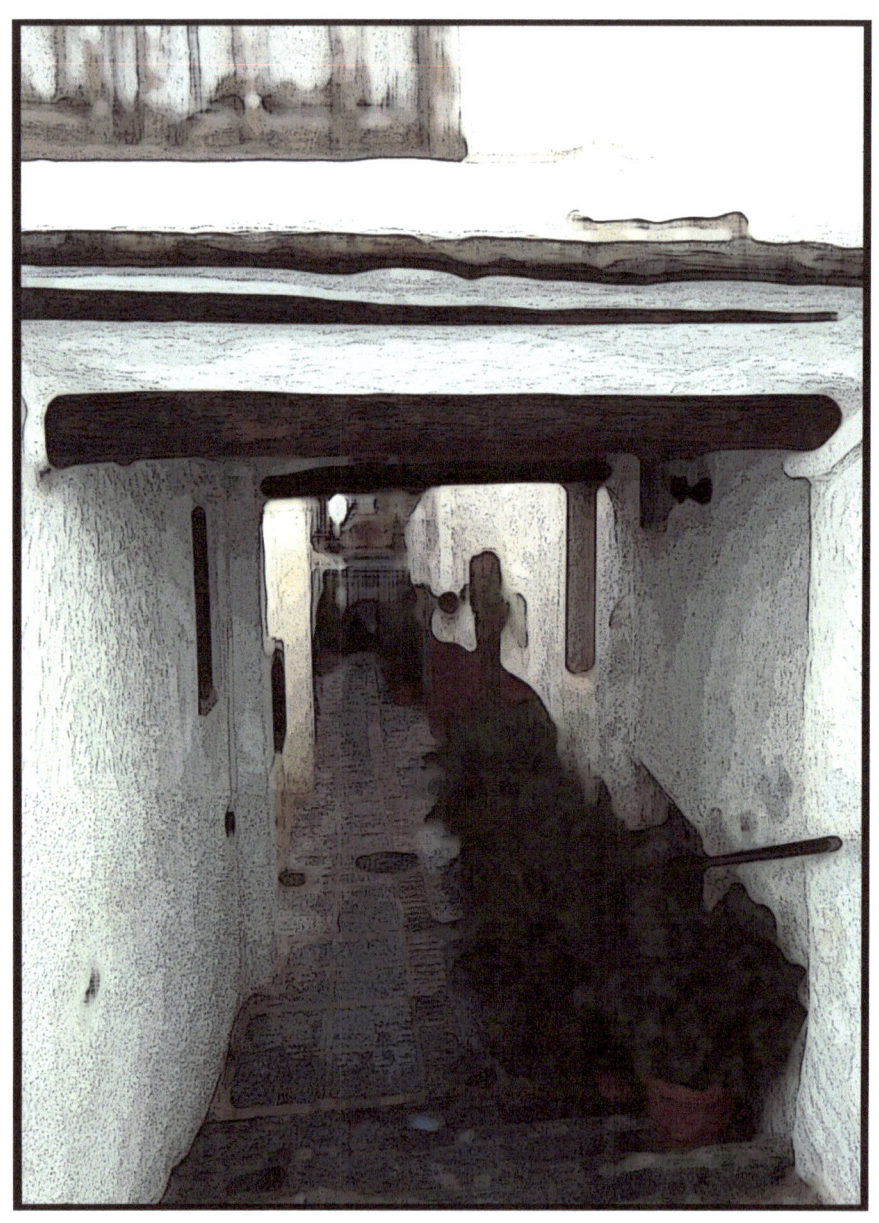

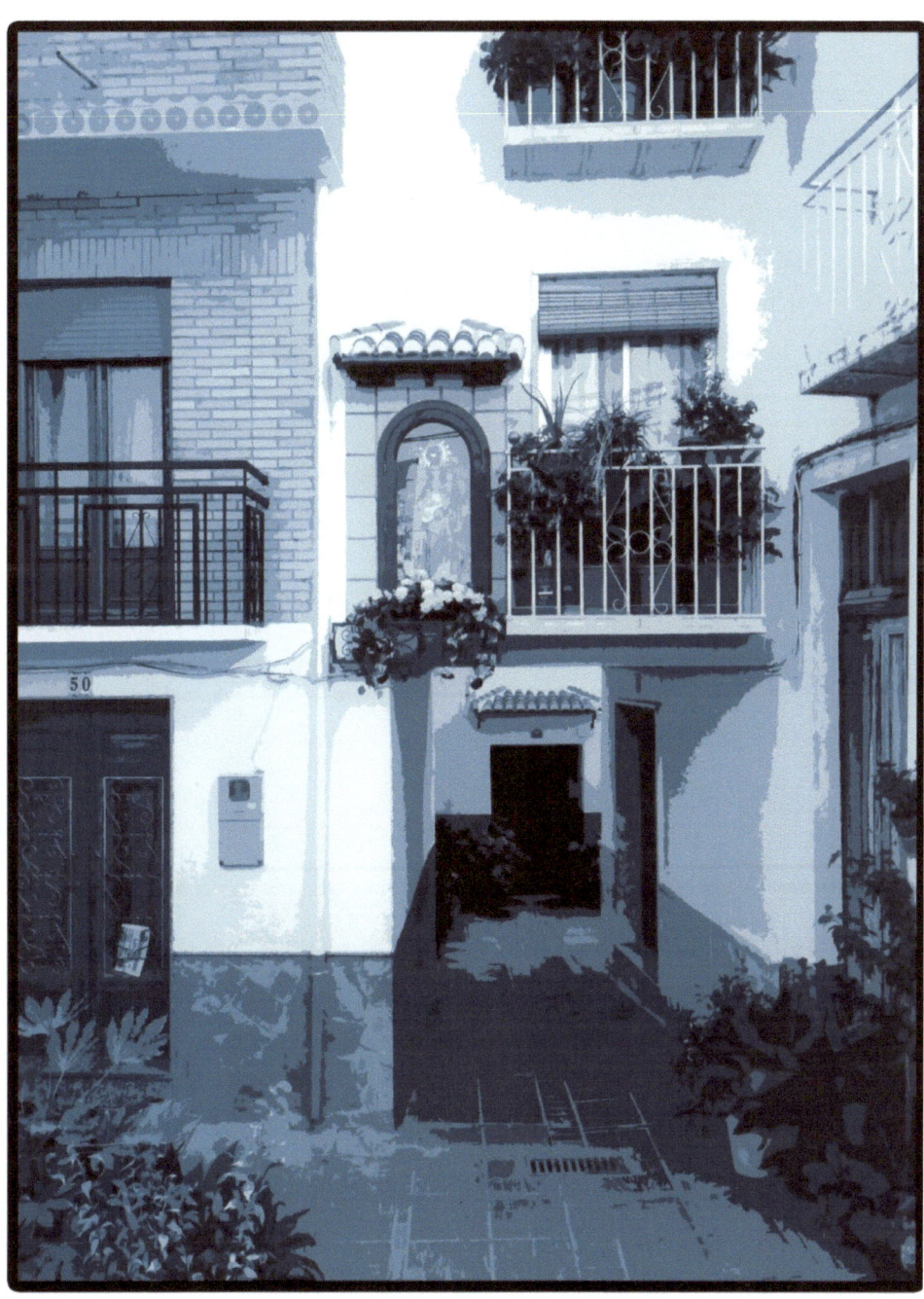

En la esquina, al final de la cuesta,

Lanjarón se despeña...

Cristo de silencio.

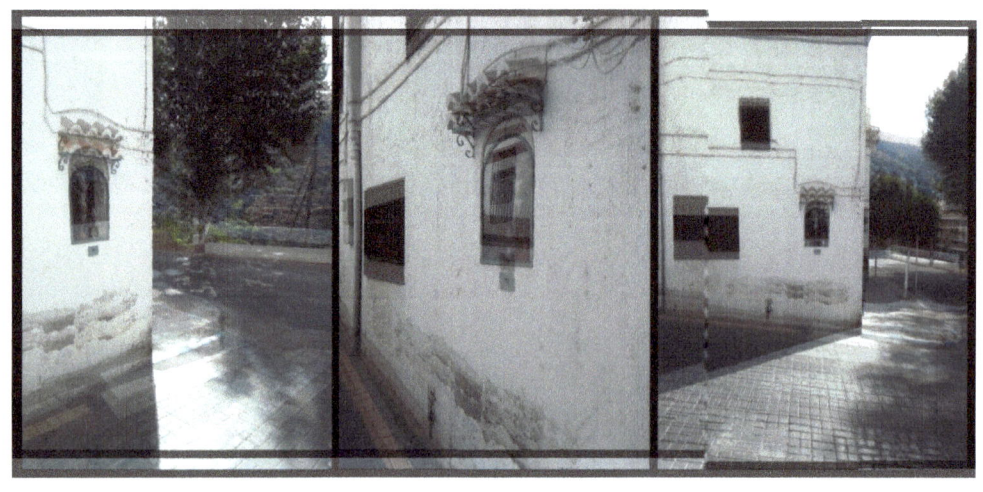

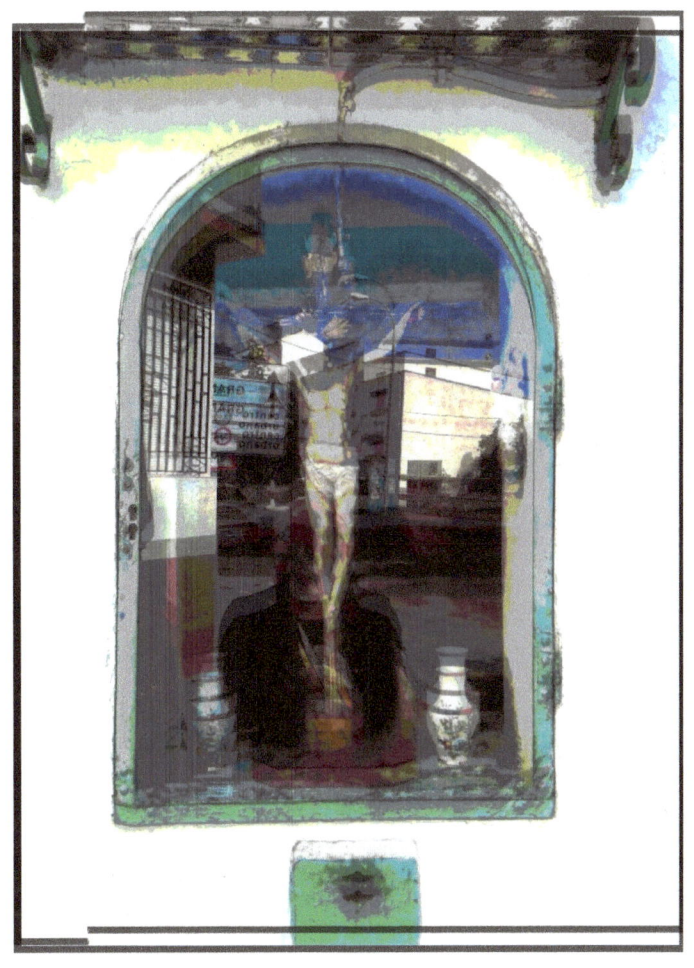

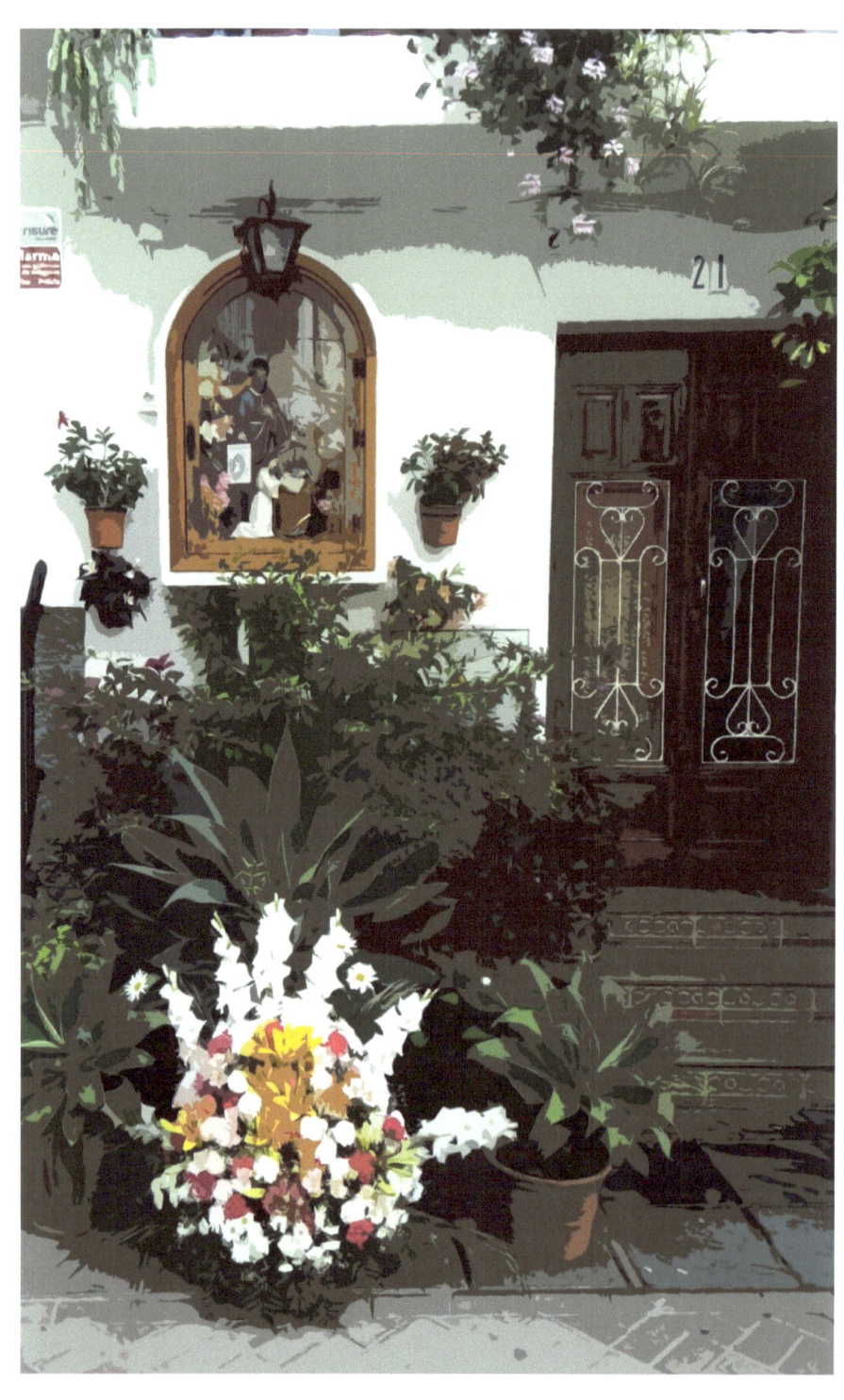

Retorno al **verdor**, y aún...

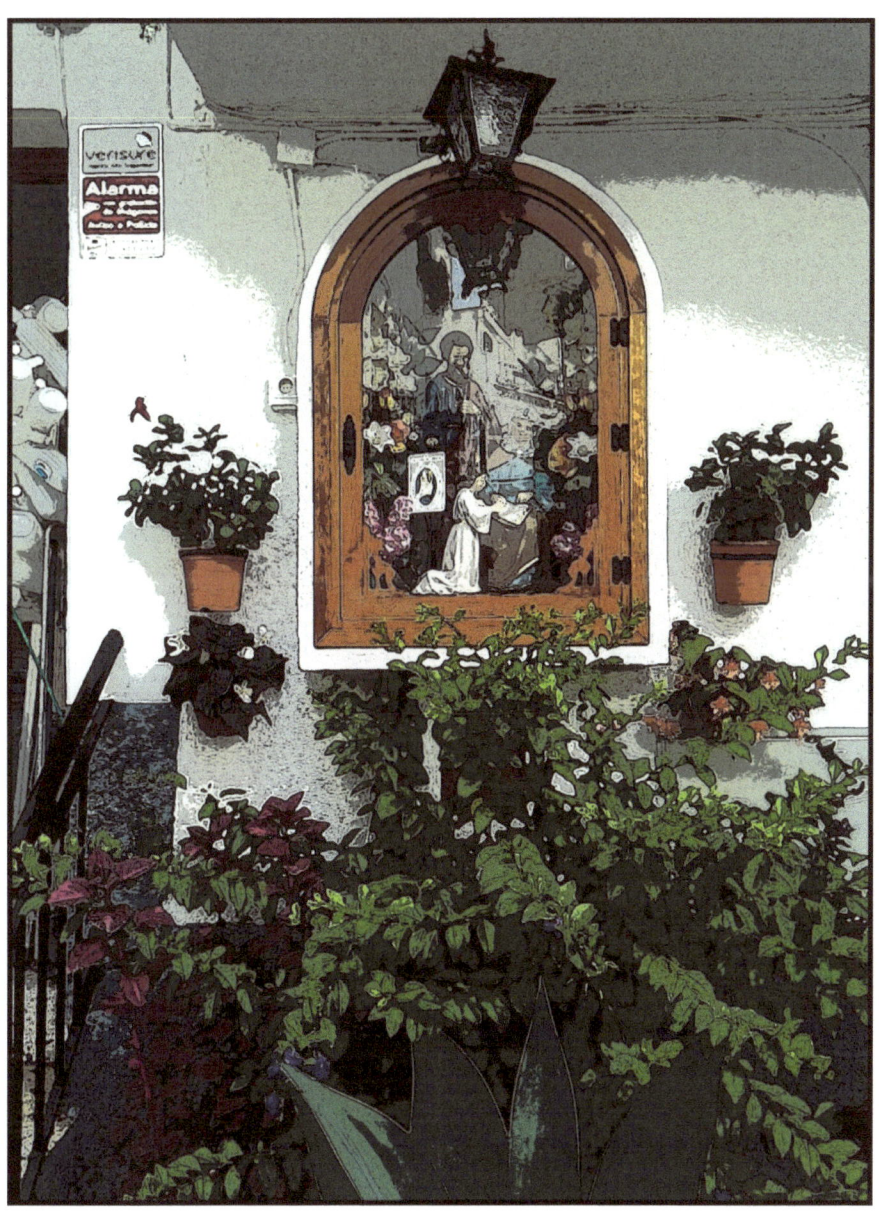

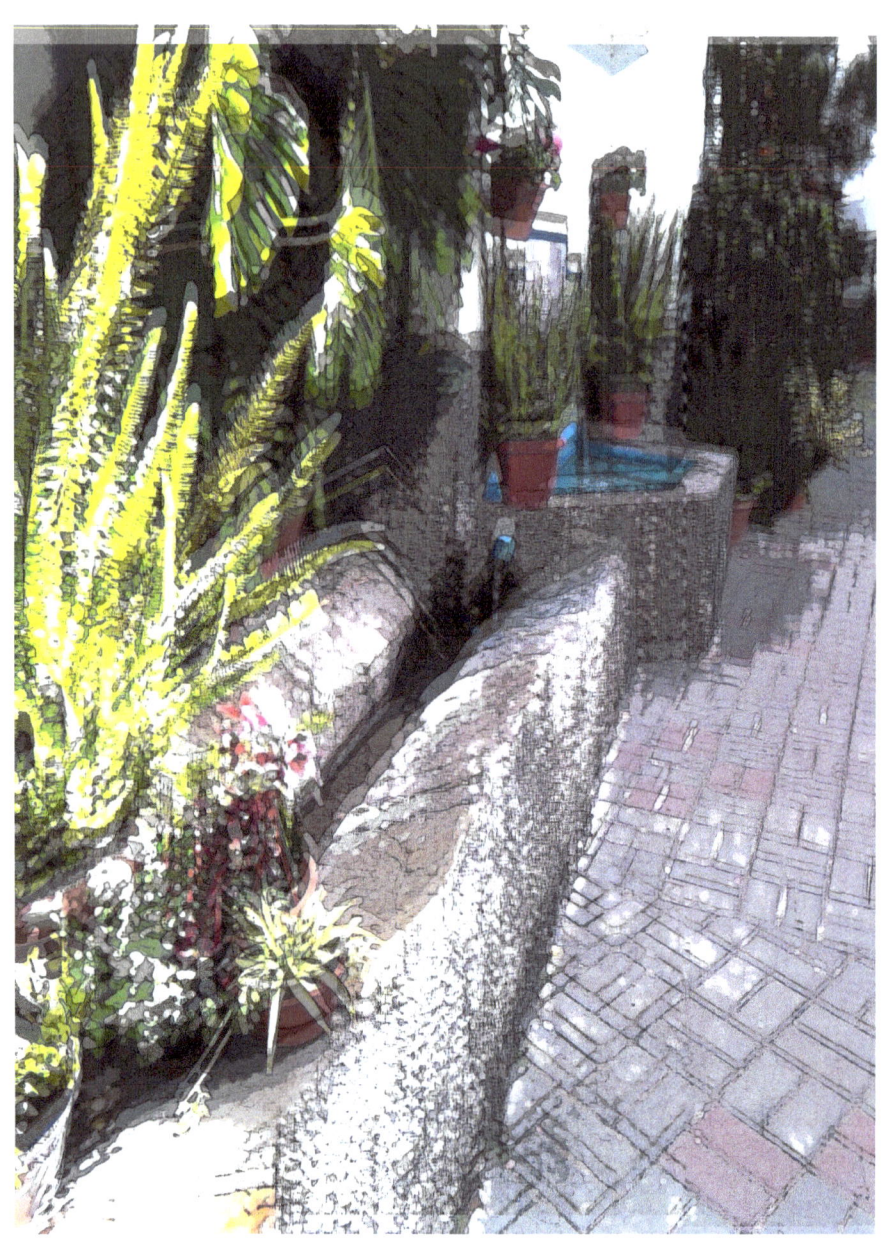

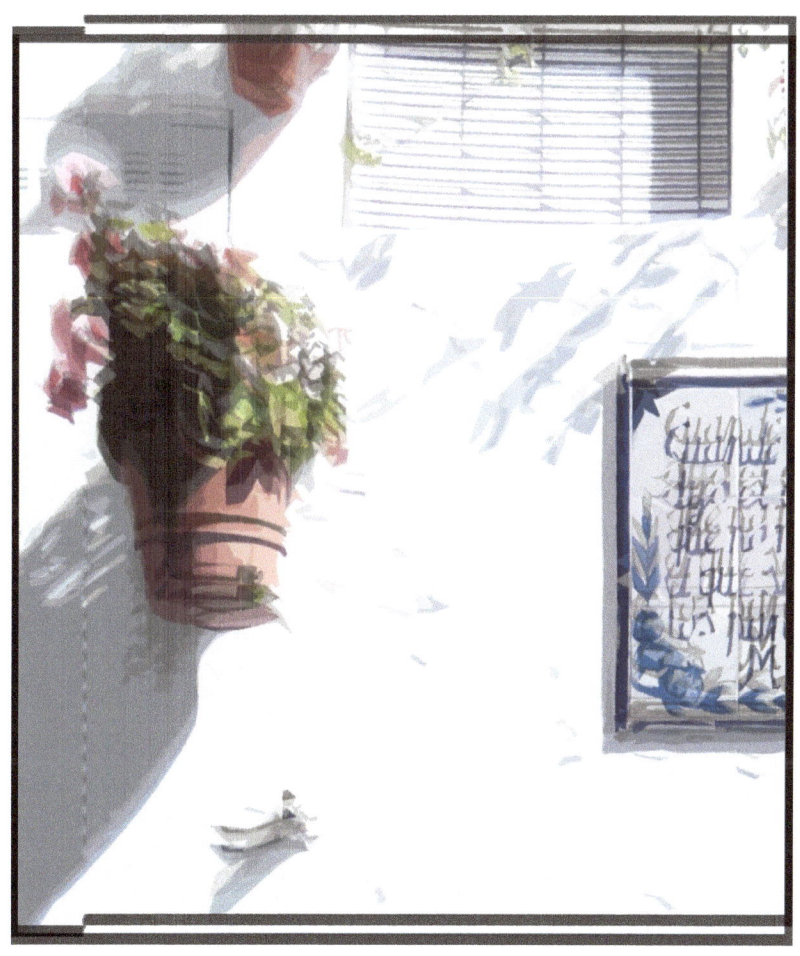

¿Lo hueles...?

Ah, fuentes de Lanjarón, la fuente.

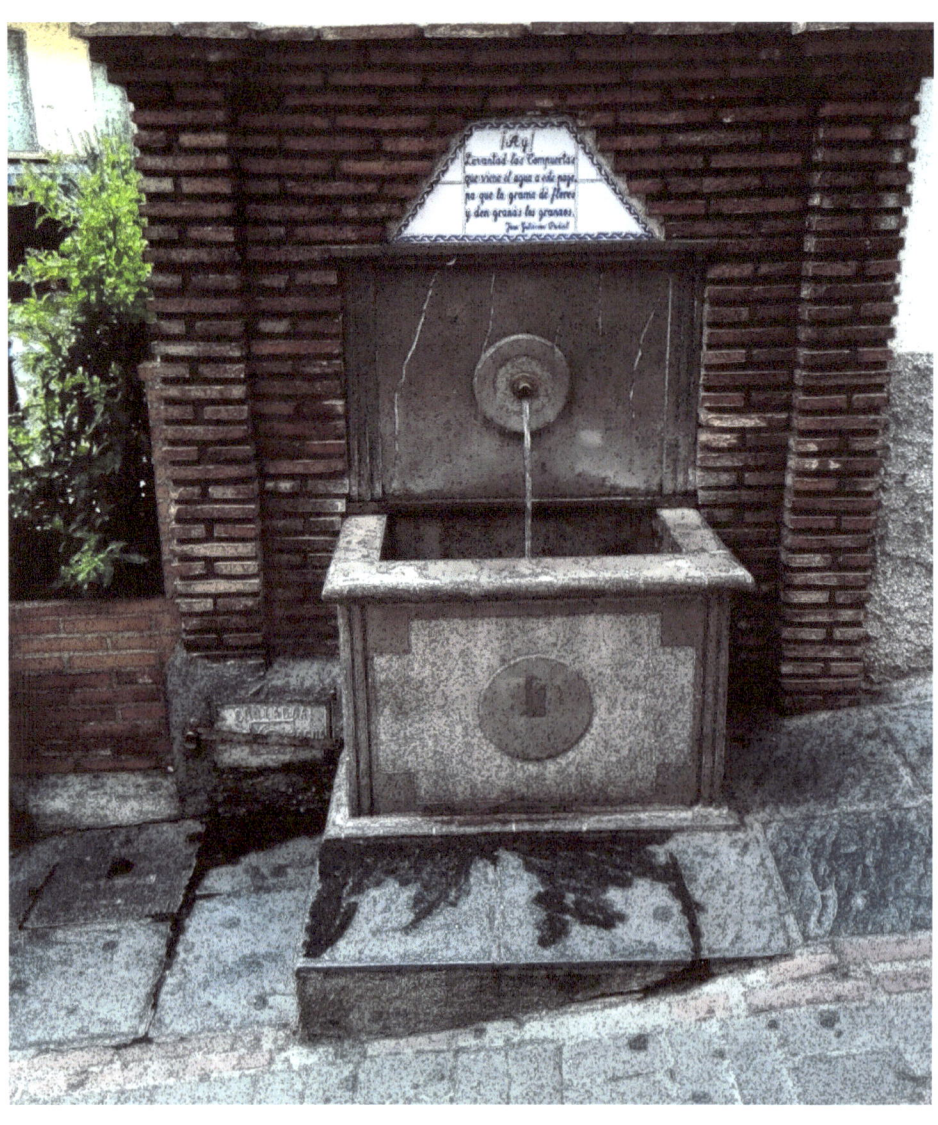

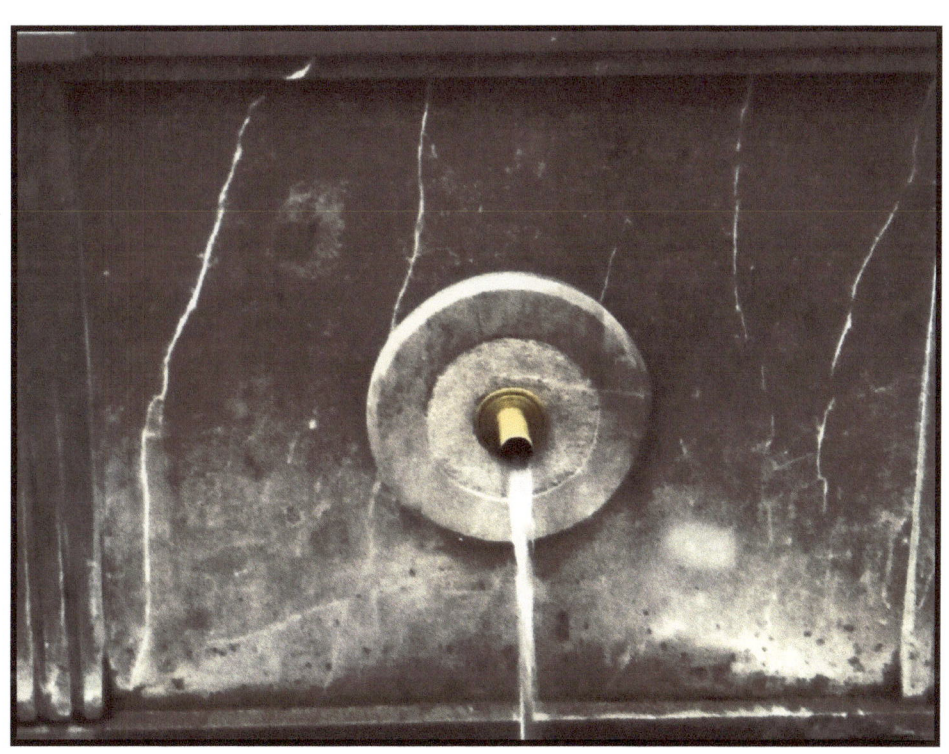

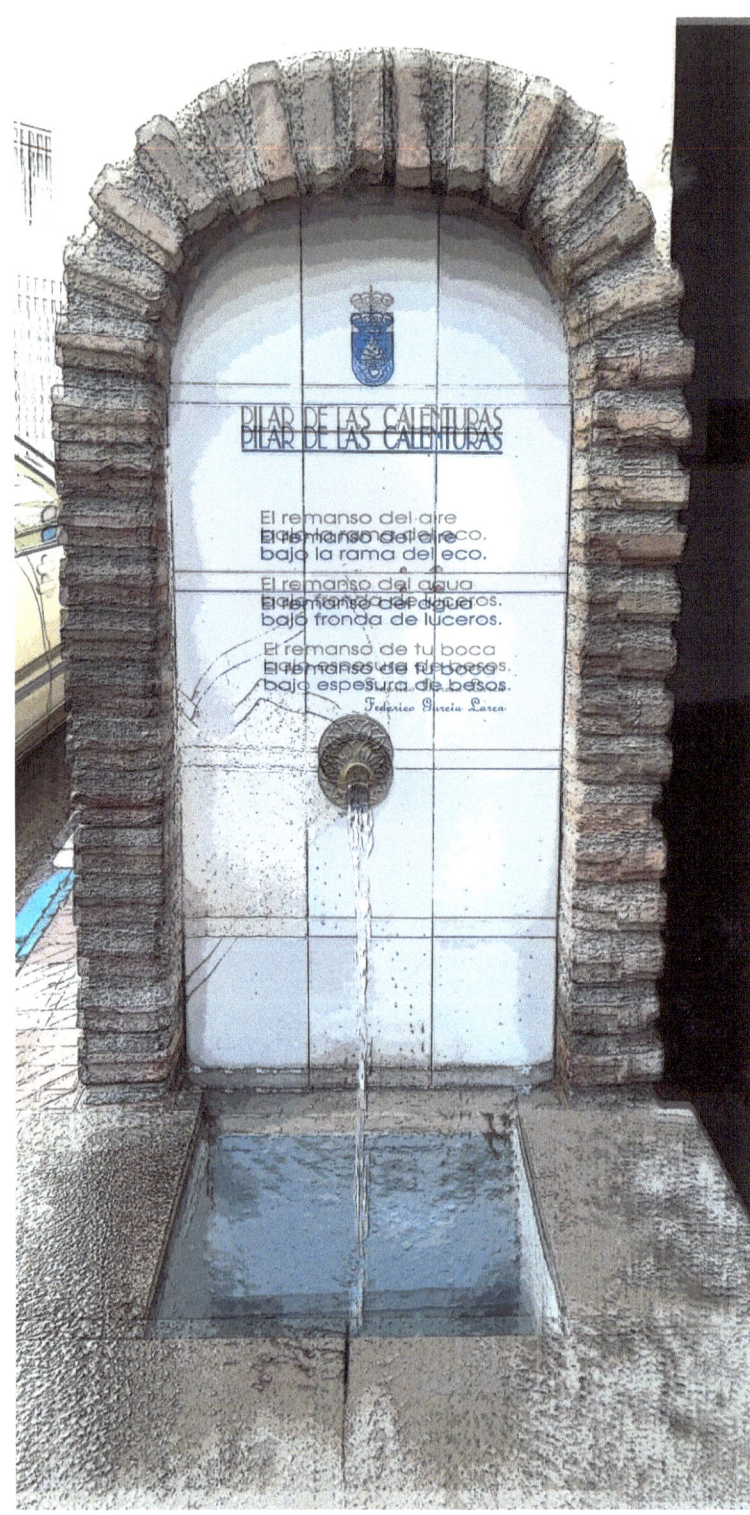

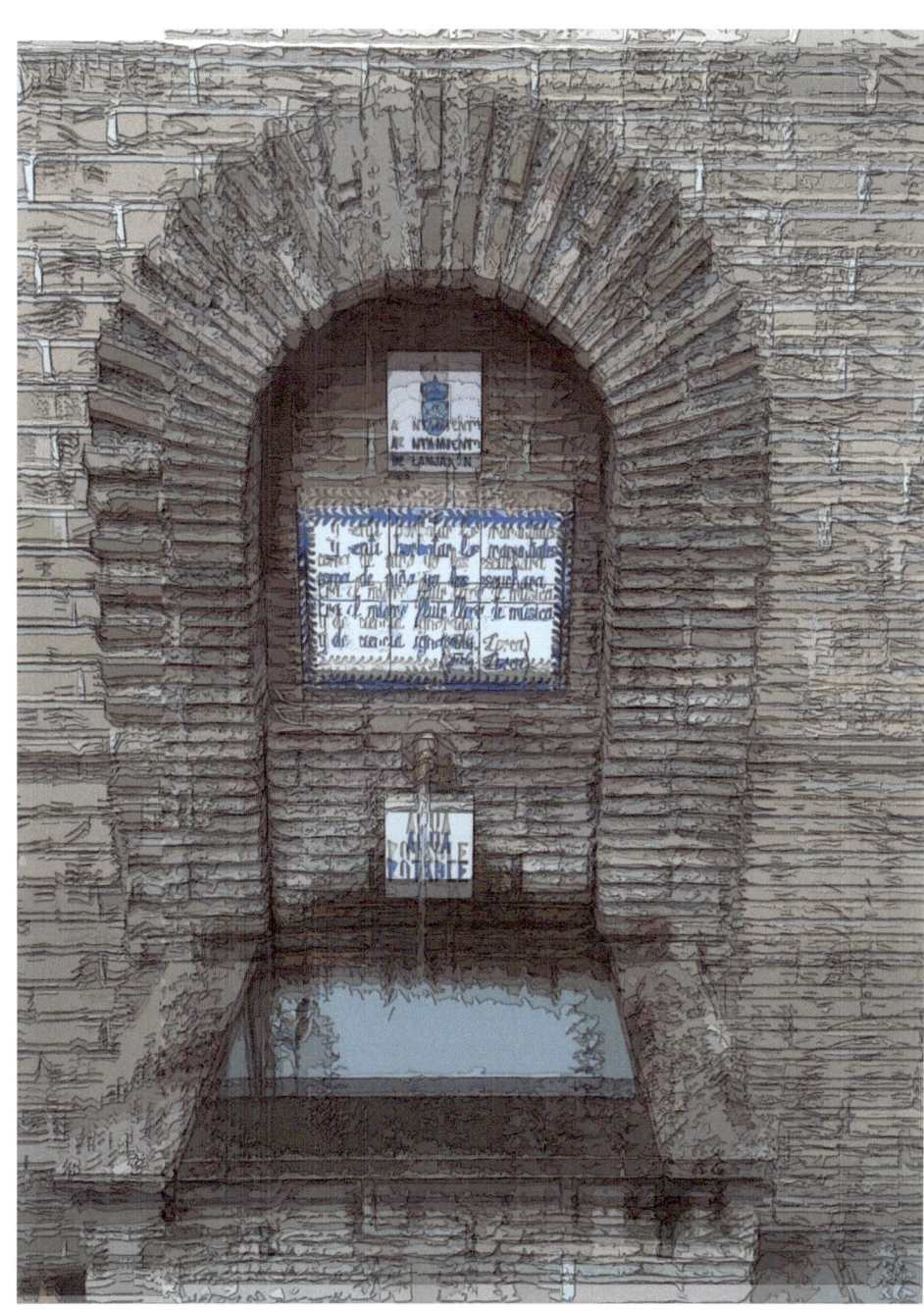

Te dejo, pero vuelvo.

Espera.

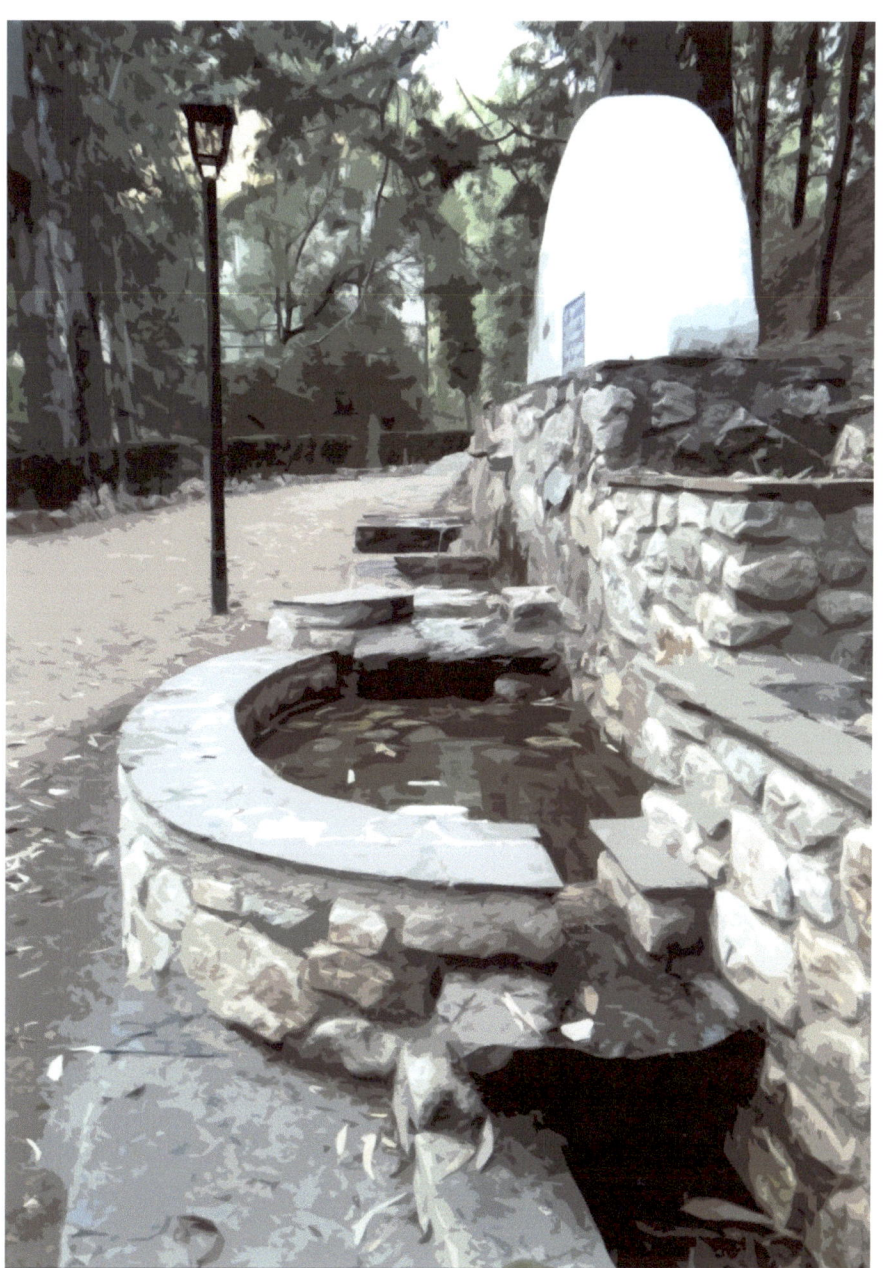

Lanjarón es un pequeño pueblo en La Alpujarra, cerca de Granada, famoso por sus aguas, que bajan de Sierra Nevada, y por su balneario, que también se alimenta de ellas.

Allí, Federico García Lorca y su familia pasaban con frecuencia sus vacaciones. El hotel donde se alojaban aún conserva intactas sus habitaciones. En Lanjarón escribió el poeta algunos fragmentos de sus obras. Hoy, sus poemas, junto con los de otros autores, decoran las numerosas fuentes de la villa.

Las fuentes, presentes en cada rincón de sus calles, son una de las señas de identidad de Lanjarón, como lo son las vírgenes y santos que adornan las fachadas de sus muros desde sus vitrinas, y también los "tinaos", esa especie de callejuelas a medio camino entre lo público y lo privado.

Este libro es un tributo a esta hermosa localidad en la que tantos días hemos pasado los últimos años y tanto hemos paseado.

Salvador Molina

Motril, 16 de Diciembre, 2019

www.ingramcontent.com/pod-product-compliance
Lightning Source LLC
Chambersburg PA
CBHW051934210526
45473CB00006B/2244